The Adventures Of Tom Sawyer

Mark Twain

톰소여의 모험

Wordsmith	:	Matt Josdal
Illustrator	:	Brian Shearer
Colourist	:	Surya Muduli
Colour Consultant	:	RC Prakash
Letterer	:	Bhavnath Chaudhary
Editors	:	Eman Chowdhary
		Divya Dubey
Research Editor	:	Pushpanjali Borooah

Cover Artists:

Illustrator	:	Naresh Kumar
Colourist	:	RC Prakash
Designer	:	Manishi Gupta

Copyright © 2010 Kalyani Navyug Media Pvt Ltd

All rights reserved. Published by Campfire, an imprint of Kalyani Navyug Media Pvt Ltd.
Korean Translation Copyright © 2012 by Hyejiwon Publishing

No part of this publication may be reproduced, stored in a retrieval system, or transmitted in any form or by any means, electronic, mechanical, photocopying, recording, or otherwise, without written permission from the publisher.

About the Author

Samuel Langhorne Clemens, known to most as Mark Twain, has been hailed by many as the father of American Literature. His two most famous works, *The Adventures of Tom Sawyer* (1876) and *The Adventures of Huckleberry Finn* (1884), are considered two of the greatest American novels of all time.

Twain was born in Florida, Missouri on 30th November 1835. He grew up in the town of Hannibal on the Mississippi River, which would eventually serve as the basis for the place where Tom Sawyer and Huckleberry Finn would live.

Twain tried turning his hand to many different professions throughout his life, but continued writing all the while. His first job was as a printer's apprentice and, during this time, he met a famous steamboat captain who convinced him to become a pilot. After two years of training, he acquired his licence and began traversing the mighty Mississippi as the pilot of a steamboat. It was a dangerous and lucrative form of employment.

Twain grew up in Missouri at a time when it was a slave state. After the American Civil War broke out, he became a strong supporter of emancipation, and staunchly believed that the slave trade should be abolished.

Though he began as a comic writer, the tribulations he faced in his personal life perhaps served to turn him into a serious, even pessimistic, writer in his later years. He lost his wife and two daughters, and his ill-fated life never really allowed him to recover. Twain passed away in 1910, but he is still one of the best-loved writers around the world.

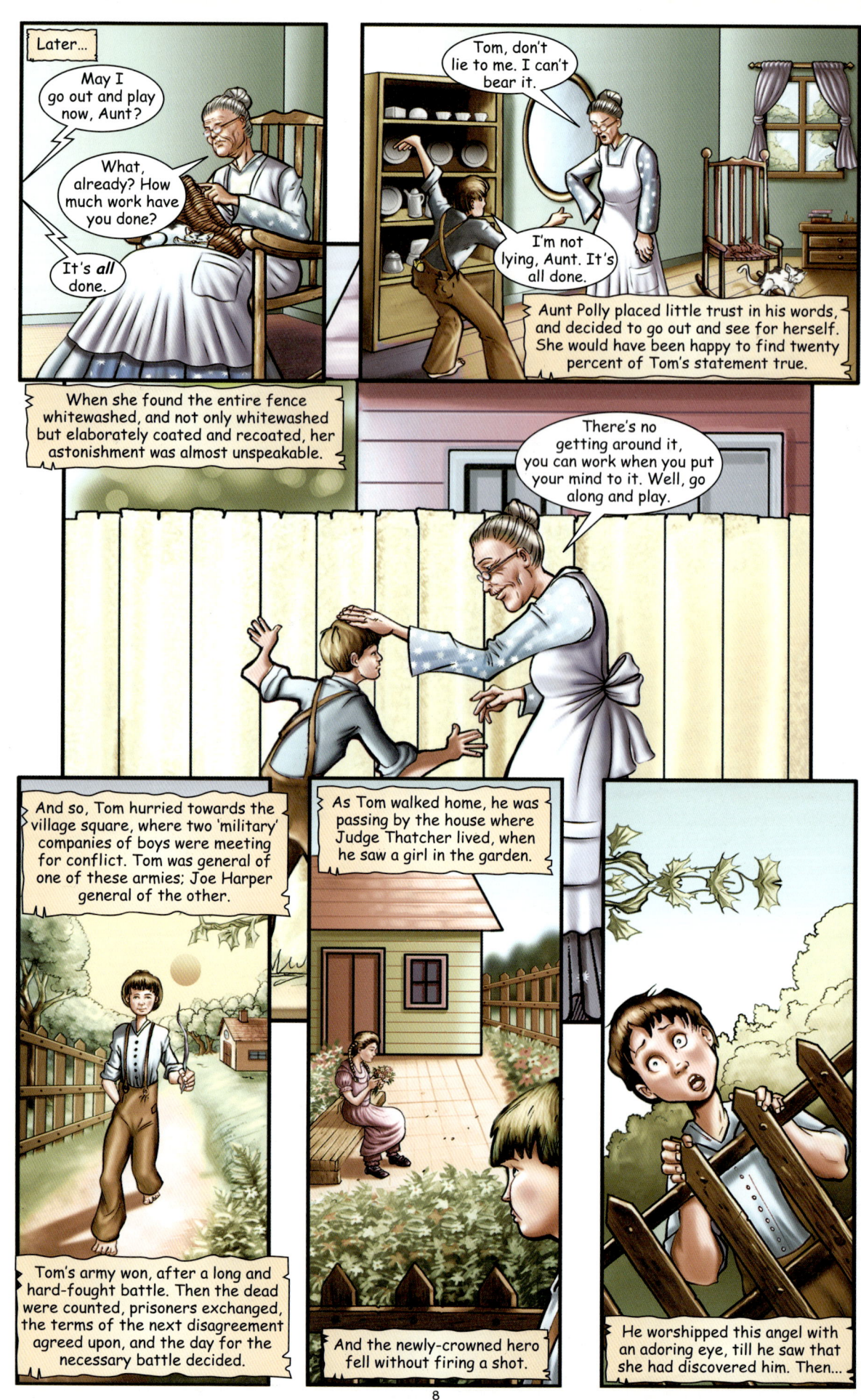

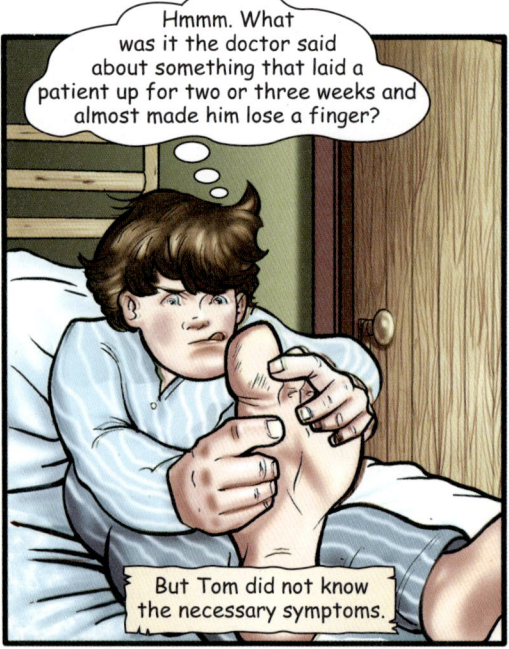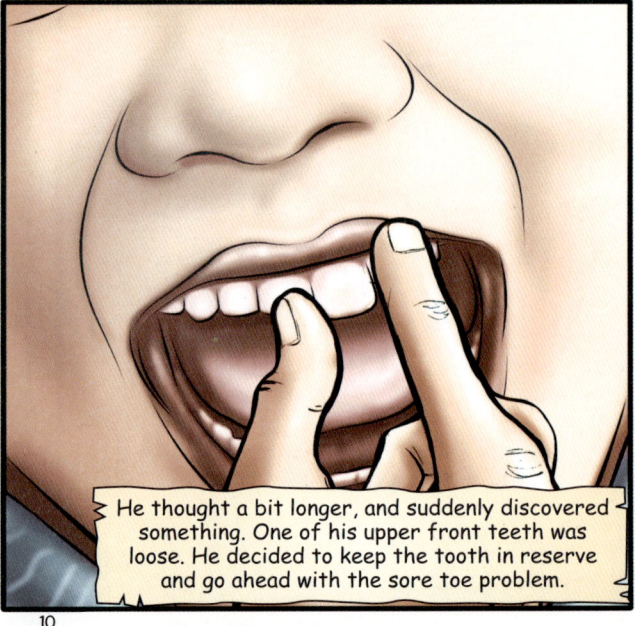

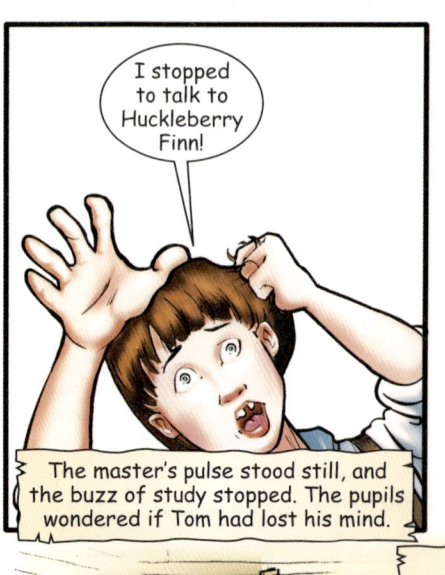

At half-past nine that night, Tom went to bed as usual. He said his prayers, and lay awake, waiting in restless impatience.

TICK TOCK
TICK TOCK

The ticking of the clock became noticeable. Old beams began to crack mysteriously and the stairs creaked faintly. Evidently spirits were outside.

Next, the ghastly ticking of a death-watch beetle in the wall made Tom shudder – it meant that somebody's days were numbered.

MEEOOOWW

And then there came, mingling with his half-formed dreams, a most distressing noise.

Scat! You devil!

CRASH!

A minute later, Tom was dressed and out of the window.

Hi there, Hucky.

Let's get going then.

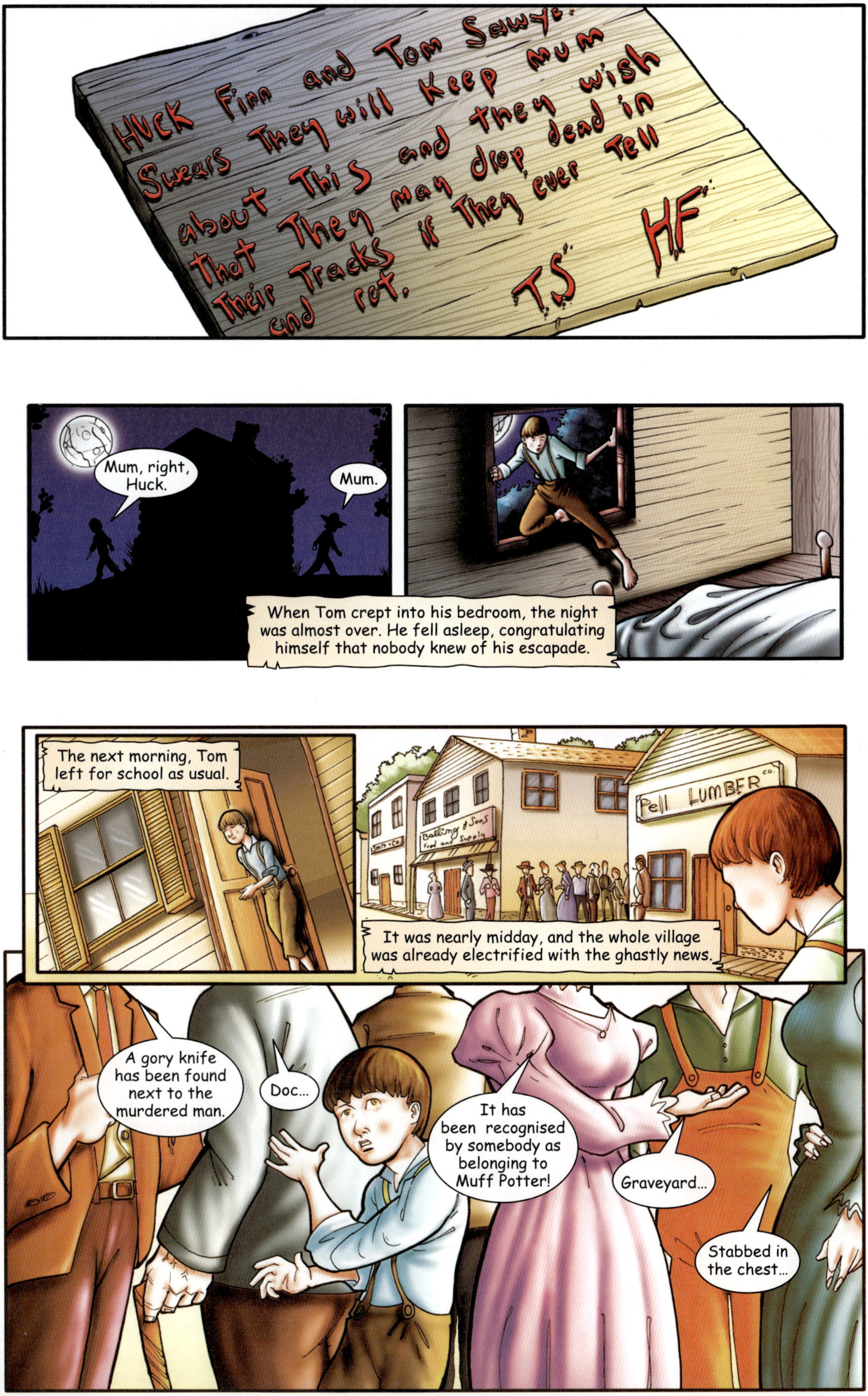

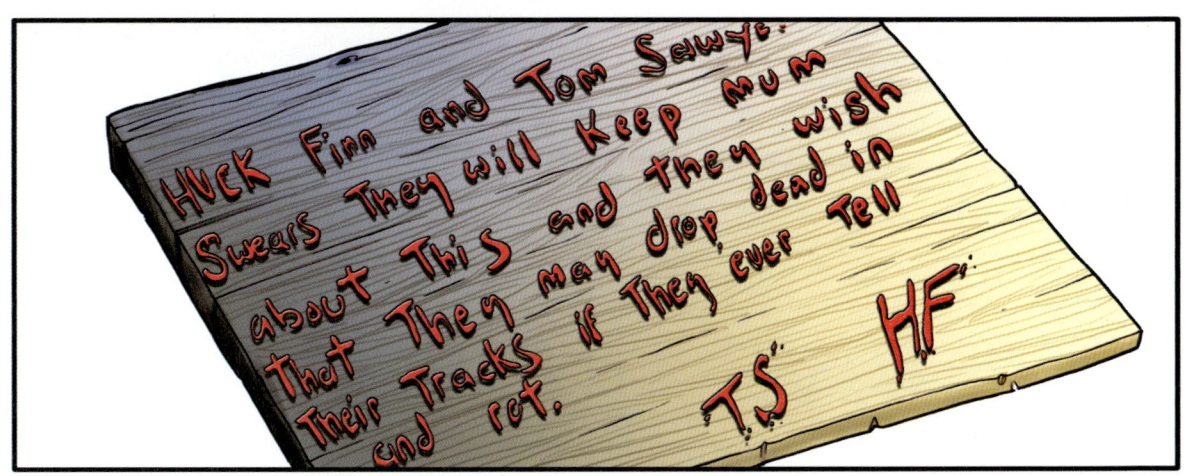

As twilight drew on, the ferry boat went back to her usual business and the skiffs disappeared. The pirates were jubilant over their new grandeur and the trouble they were causing.

By and by, Joe decided to find out what the others might think about a return to civilisation.

"Say, boys, what's your thoughts about going back? Maybe not tonight, but..."

"Boooo."

"Noooooo, Joe."

"Alright, alright."

Mutiny was laid to rest for the moment.

As the night deepened, Huck began to nod, and then to snore; Joe followed next. Tom lay motionless, watching the two intently.

Some time later, he made his way cautiously, till he was out of hearing distance. Then, he broke into a run in the direction of the river. Before leaving, he wrote a message for his mates in the sand.

A few minutes later, he was in the water. He swam upstream, but was still swept downwards faster than he had expected.

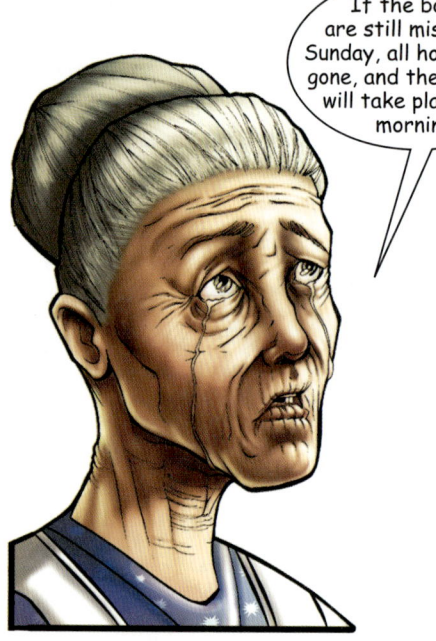

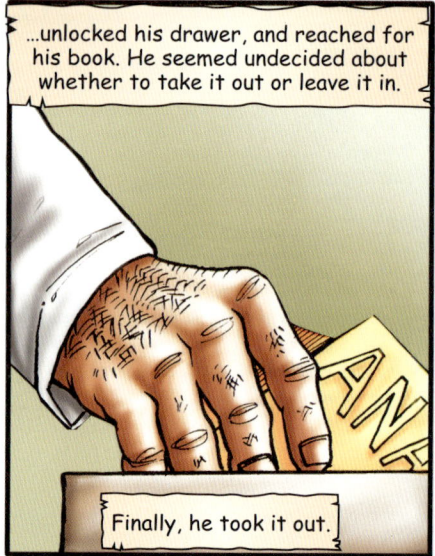

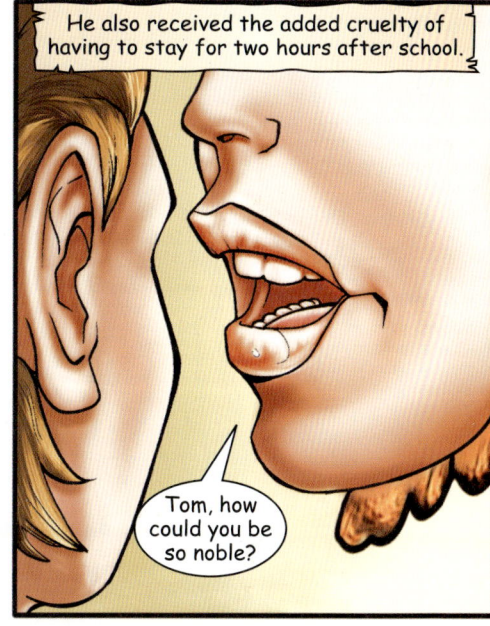

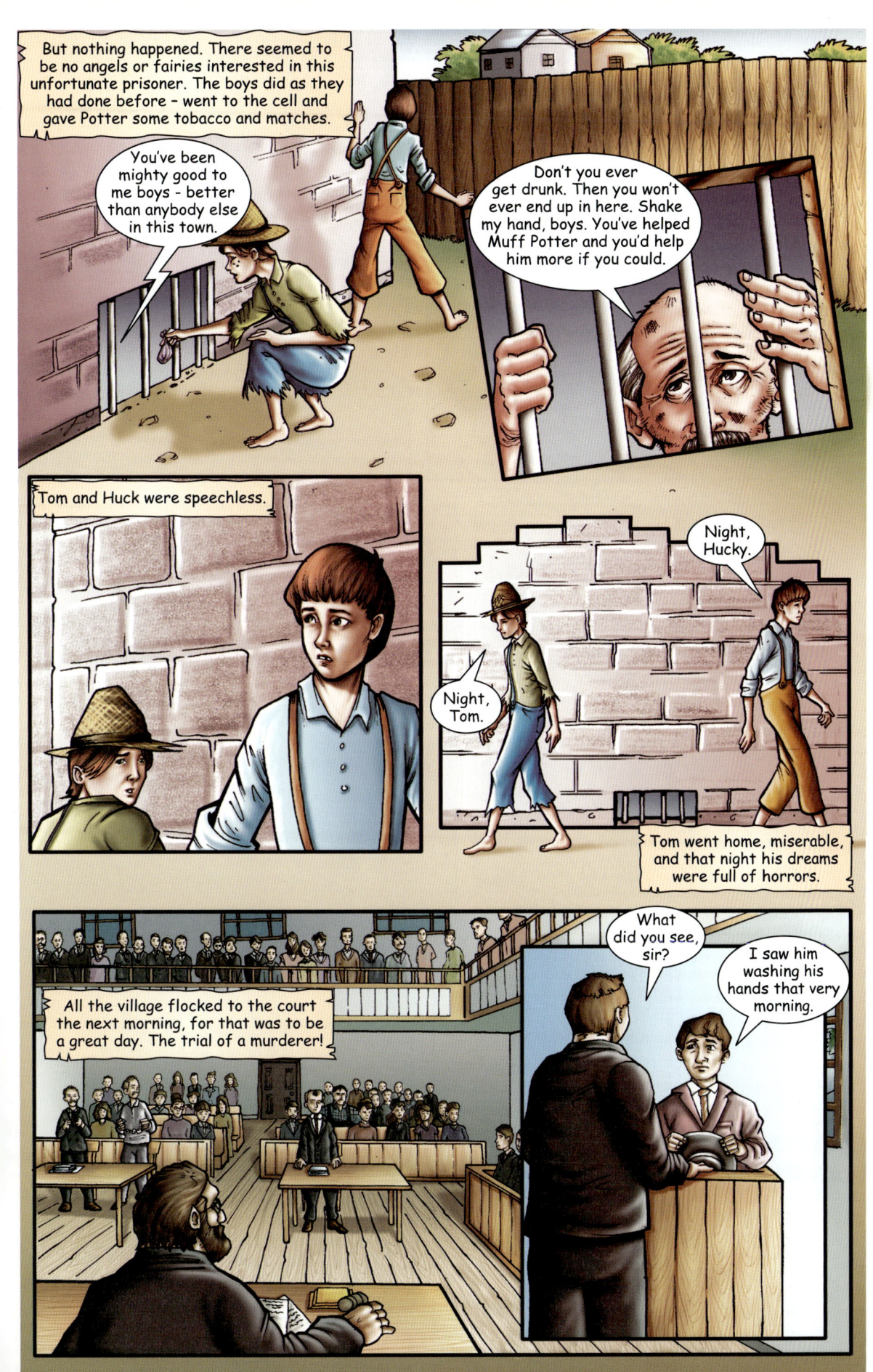

Tom?

Yes, Becky?

Will they miss us and hunt for us!

Yes, I think they will.

Tom shouted but, in the darkness, the distant echoes sounded so hideous that he stopped.

Hey. What's this?

It's kite string. It will help me get back. I'm going to try going down some of these tunnels to find the way out.

Tom crept slowly along in the dark. Unwinding the kite string, he made an effort to stretch it as far as he could.

Tom shouted when he saw a candle, but was paralysed when he realised who he'd seen.

Injun Joe!

I'm surprised Injun Joe didn't recognise me and come to kill me for testifying in court. The echoes must have disguised my voice.

Tuesday afternoon came and went. The village of St Petersburg still mourned. The lost children had not been found. Aunt Polly had become melancholy, and her grey hair had grown almost white.

Suddenly, a wild peal burst from the village bells and the streets were swarming with frantic people.

Tom told the story of how they had escaped. While exploring the cave, he had seen a far-off speck that looked like daylight.

He had pushed his head and shoulders through a small hole, and had seen the Mississippi river rolling by. If it had been night, he would not have seen that speck of light.

Intriguing Islands

GUNKANJIMA: THE GHOST ISLAND OF JAPAN

Once an island bustling with activity and people, Gunkanjima now lies totally abandoned with crumbling streets and empty buildings. This island was famous for its coal mines during the 19th century. But when petroleum began replacing coal in the 1960s, the mines shut down and the people left the island. Today, even visitors to the island are forbidden. A very interesting fact is that Japan's first large concrete building was built on this island in 1916 – a block of apartments to house the workers of the mine.

- The English translation of the name Gunkanjima is Battleship Island; so called because of the island's resemblance to a battleship.

BISHOP ROCK

Bishop Rock is a small island in Britain. It has been listed as the smallest island in the world with a building, in the Guinness World Records book. It is only 46 metres long and 16 metres wide, and has a lighthouse on it which was built in 1858. Its light is automatically operated and nobody lives on the island. Since the island has no space for anything else besides the lighthouse, a helipad has been constructed on top of the structure for easier access.

- It is believed that, in the 13th century, convicts who committed grave crimes were dispatched to the rock, with only bread and water, and left to the mercy of the waves.

DID YOU KNOW?

Islomania is an irresistible attraction to islands. Authors such as Robert Louis Stevenson, Jules Verne, Jack London and Joseph Conrad were some famous islomaniacs!

EASTER ISLAND

On Easter Sunday in 1722, a Dutch sailor, Jacob Roggeveen, and his crew landed on an unknown island in the Pacific close to Chile. They were stunned to find over 1,000 massive stone statues scattered all over the island, and about 2,000 people inhabiting it. Roggeveen called it Easter Island. It is believed that about 1,200 years ago, travellers came and settled on this island and carved the 'moai' out of volcanic rocks. The moai were gigantic statues of men, some as tall as a three-storeyed building. It is said that the entire population of the island was wiped out in the 1800s. What happened to them is still a mystery.

- Easter Island has an airstrip for the emergency landing of NASA space shuttles!

ALCATRAZ, OR THE PRISON ISLAND

Alcatraz is located in San Francisco Bay, in the USA. It was named 'La Isla de los Alcatraces', which means 'Island of the Pelicans' by Spanish explorer, Juan de Ayala, in 1775. Popularly known as the 'Rock', it was most famous as a maximum security prison. The freezing waters and strong currents made it almost impossible for anyone to swim to the mainland. It closed down in 1934, and is now a very popular tourist spot.

- Al Capone, a famous Italian-American gangster, spent time in the prison in the 1930s. He used to play his banjo in the shower room during his days there. It is said that, since his death in 1947, people have heard the sound of a banjo coming from the empty shower rooms!

THE WORLD ISLANDS AND THE PALM ISLANDS

If you fly over the waters of the Persian Gulf, close to Dubai in the UAE, and look down, you will see a very strange sight – a map of the world and two flattened palm trees on the water! If you go closer, you'll see they are, in fact, man-made islands positioned to create these shapes. All these artificial islands are made of sand dragged from the bottom of the sea. The Palm Islands consist of three pieces of land in the shape of palm trees, while the World Islands consist of 300 islands laid out in the shape of a map of the world!

- There are plans to build 'The Universe', a set of artificial islands in the shape of the solar system, close to the World Islands.

DID YOU KNOW?
Australia is a continent, and a country, as well as an island! It is often called the island continent.

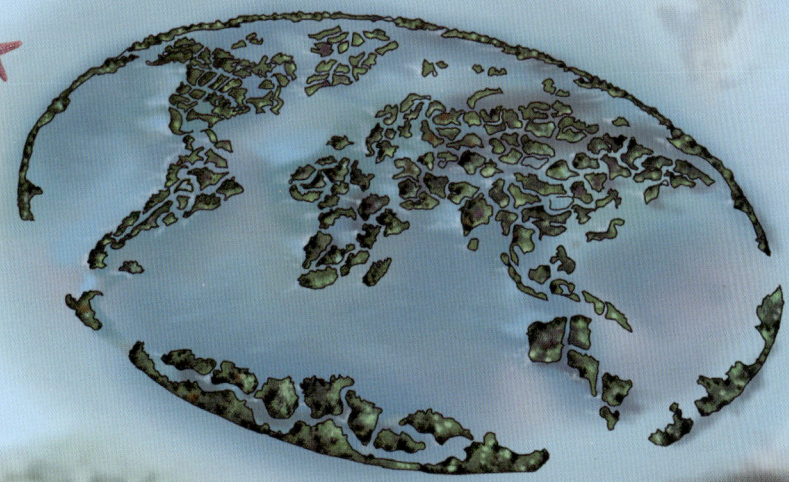

Hyejiwon English-Korean Graphic Novels Series

혜지원 영한 대역 그래픽 노블 시리즈는
여러분께 영어 학습 효과는 물론 재미와 감동까지 선사합니다.

그래픽 노블 시리즈
지킬 박사와 하이드   정가 : 12,000원

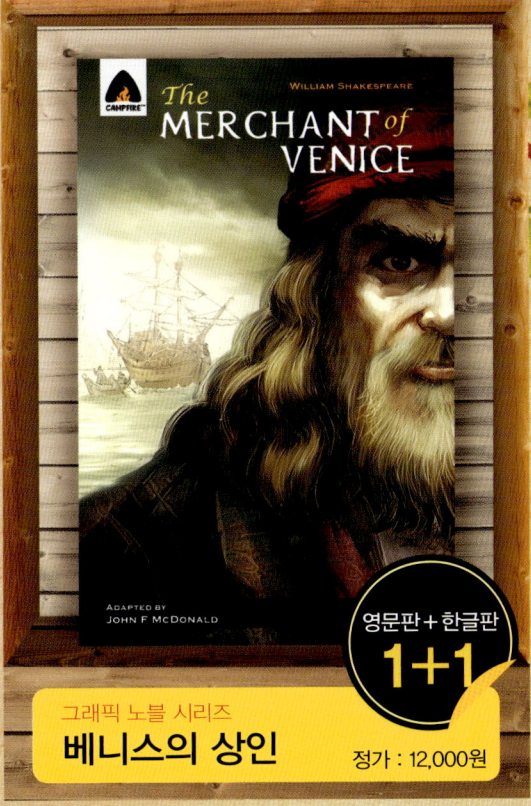

그래픽 노블 시리즈
베니스의 상인   정가 : 12,000원

그래픽 노블 시리즈
타임머신   정가 : 12,000원

그래픽 노블 시리즈
오즈의 마법사   정가 : 12,000원

혜지원 Graphic Novel Series

그래픽 노블 시리즈
황야의 부름   정가 : 12,000원

그래픽 노블 시리즈
해저 2만리   정가 : 12,000원

그래픽 노블 시리즈
왕자와 거지   정가 : 12,000원

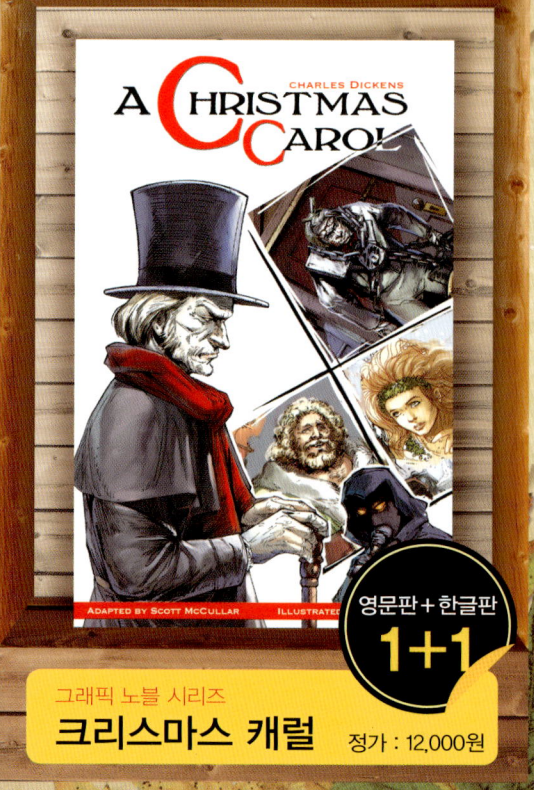

그래픽 노블 시리즈
크리스마스 캐럴   정가 : 12,000원

그래픽 노블 시리즈
로미오와 줄리엣   정가 : 12,000원

그래픽 노블 시리즈
모비딕   정가 : 12,000원

그래픽 노블 시리즈
보물섬   정가 : 12,000원

그래픽 노블 시리즈
톰소여의 모험   정가 : 12,000원

그래픽 노블 시리즈
우주전쟁 정가 : 12,000원

그래픽 노블 시리즈
걸리버 여행기 정가 : 12,000원

그래픽 노블 시리즈
돈키호테 Part 1 정가 : 12,000원

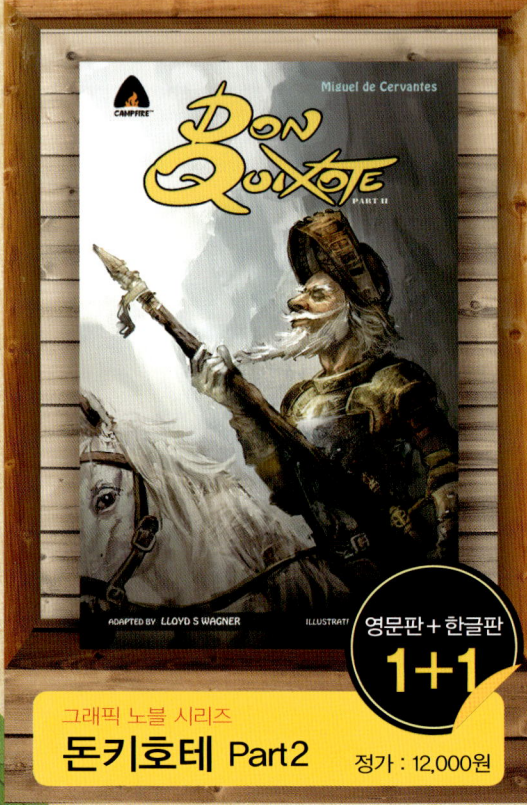

그래픽 노블 시리즈
돈키호테 Part 2 정가 : 12,000원

톰소여의 모험

마크 트웨인 원저

초판 인쇄일	2012년 3월 16일
초판 발행일	2012년 3월 23일
지은이	Mark Twain
번역자	한미전
발행인	박정모
발행처	도서출판 혜지원
주소	서울시 동대문구 장안1동 420-3호
전화	02)2212-1227
팩스	02)2247-1227
홈페이지	http://www.hyejiwon.co.kr

편집진행	김형진, 이희경
전산편집	이희경
표지디자인	안홍준
영업마케팅	김남권, 황대일, 서지영
ISBN	978-89-8379-715-5
	978-89-8379-710-0 (세트)
정가	12,000원

Copyright © 2010 Kalyani Navyug Media Pvt Ltd
Published by Campfire, an imprint of Kalyani Navyug Media Pvt Ltd.
Korean Translation Copyright © 2012 by Hyejiwon Publishing
All rights reserved.
Including the rights of reproduction in whole or in part in any form.

이 책은 한국판 저작권을 Campfire와 혜지원이 독점 계약하여 펴내는 책으로
저작권법에 의해 보호를 받는 저작물이므로 어떠한 형태의 무단 전재나 복제를 금합니다.

● 잘못 만들어진 책은 구입한 서점에서 교환해 드립니다.

작가에 대하여

마크 트웨인이라는 이름으로 더 많이 알려져 있는 사무엘 랭혼 클레멘스는 미국문학의 아버지로 불리고 있습니다. 그의 대표적인 두 작품 『톰 소여의 모험』(1876)과 『허클베리 핀의 모험』(1884)은 미국소설 역사상 최고의 작품으로 손꼽힙니다.

마크 트웨인은 1835년 11월 30일 미국 미주리 주의 플로리다에서 태어났습니다. 그는 미시시피 강에 인접한 한니발에서 성장했기 때문에 그곳이 자연스럽게 톰 소여와 허클베리 핀이 살았던 장소가 되었습니다.

트웨인은 일생 동안 여러 종류의 전문직에 도전하면서도 글쓰기는 멈추지 않았습니다. 그의 첫 번째 직업은 인쇄소의 숙련공이었습니다. 그 일을 하던 중에 유명한 증기선 선장을 만나 항해사가 될 것을 권유 받았죠. 2년 동안 훈련을 받은 트웨인은 자격증을 취득하고 증기선의 항해사가 되어 장엄한 미시시피 강을 횡단하기 시작했습니다. 위험하기는 했지만 수입이 좋은 직장이었죠.

트웨인은 노예제도가 존재하던 미주리 주에서 성장했습니다. 남북전쟁이 발발하자 그는 강하게 노예해방을 주장했고, 노예거래가 폐지되어야 한다고 굳게 믿었습니다.

애초에 트웨인은 희극 작가로 등단했지만, 평생 그가 마주하며 살았던 시련 때문인지 말년의 트웨인은 진지하고, 심지어 비관적인 작가로 변했습니다. 그가 아내와 두 딸을 잃고 나서도 불행한 삶은 끝까지 그를 놓아주지 않았습니다. 그는 1910년에 세상을 떠났지만, 지금까지 세상에서 가장 사랑받는 작가 중 한 사람이 되었습니다.

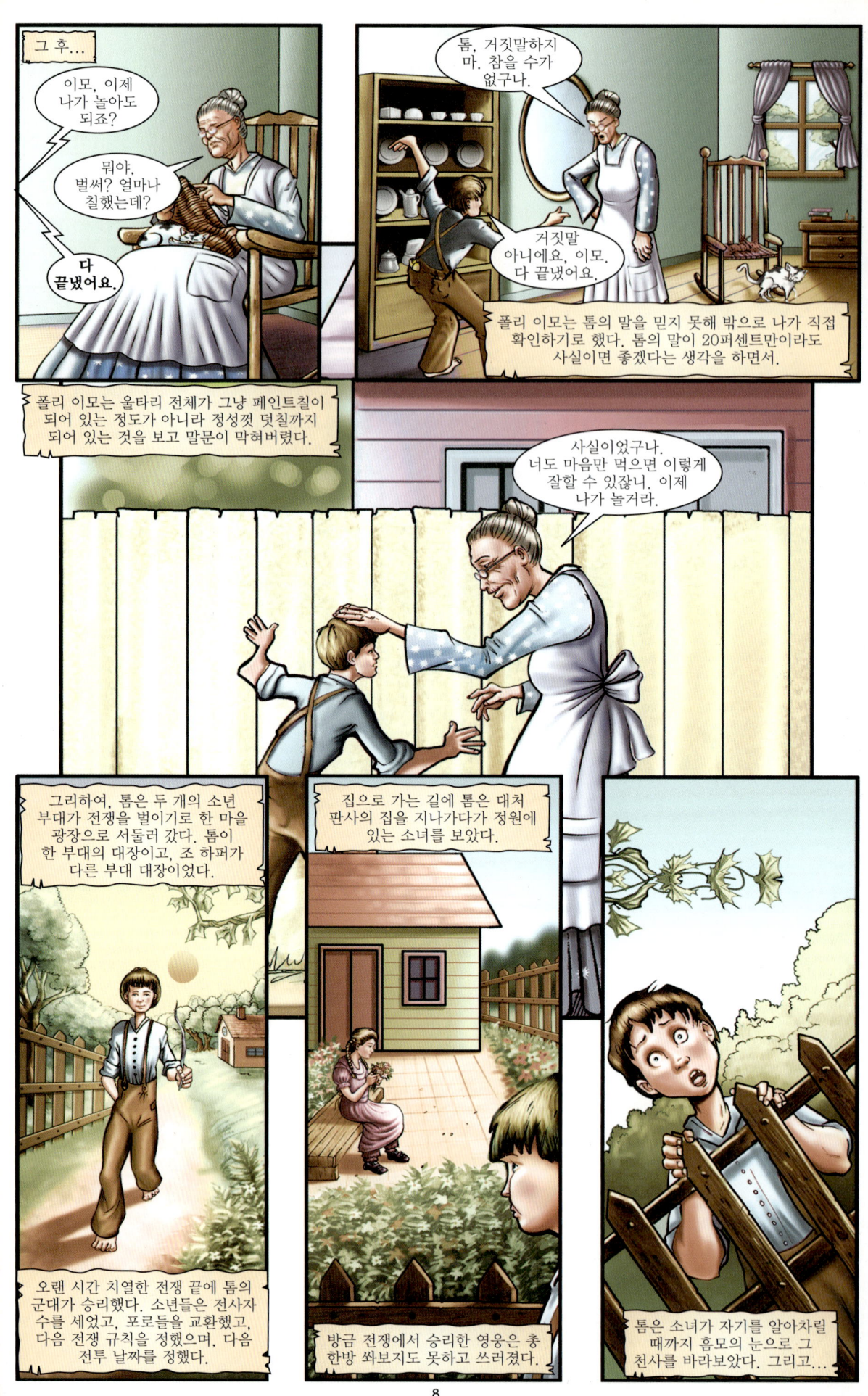

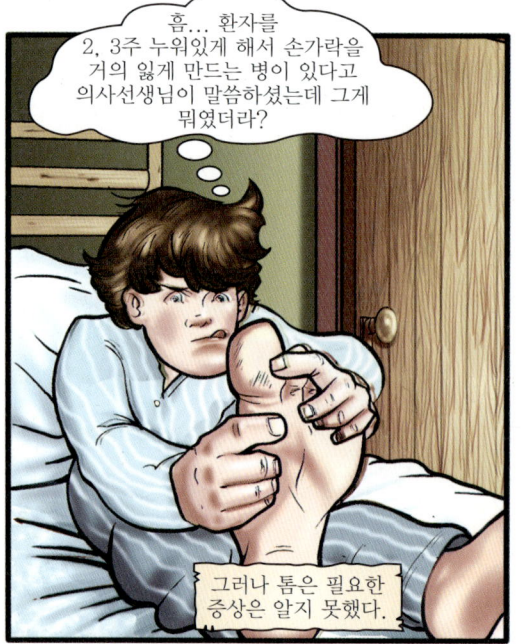

"허클베리 핀하고 얘기하느라 늦었어요!"

"토마스 소여, 지금껏 들어본 변명 중에 가장 황당한 변명이구나. 그 대가가 뭔지는 알고 있겠지."

선생님이 갑자기 입을 다물고, 웅성거리던 소리도 멈췄다. 아이들은 톰이 정신이 나간 것은 아닌지 의아해 했다.

선생님은 팔이 아플 때까지 때렸다.

"이제 여학생들 자리로 가서 앉아. 이걸 교훈으로 삼기 바란다."

공교롭게도, 여학생들 자리에서 딱 하나 빈자리는 금발머리 소녀 옆 자리였다.

톰이 흑판에 뭔가를 그리기 시작했다. 소녀는 잠시 못 본 척했지만 자꾸 호기심이 생겼다.

"어디 봐."

"잘 그렸다. 사람도 그려봐."

"와, 정말 멋지다! 나도 그림 그릴 줄 알면 좋겠다!"

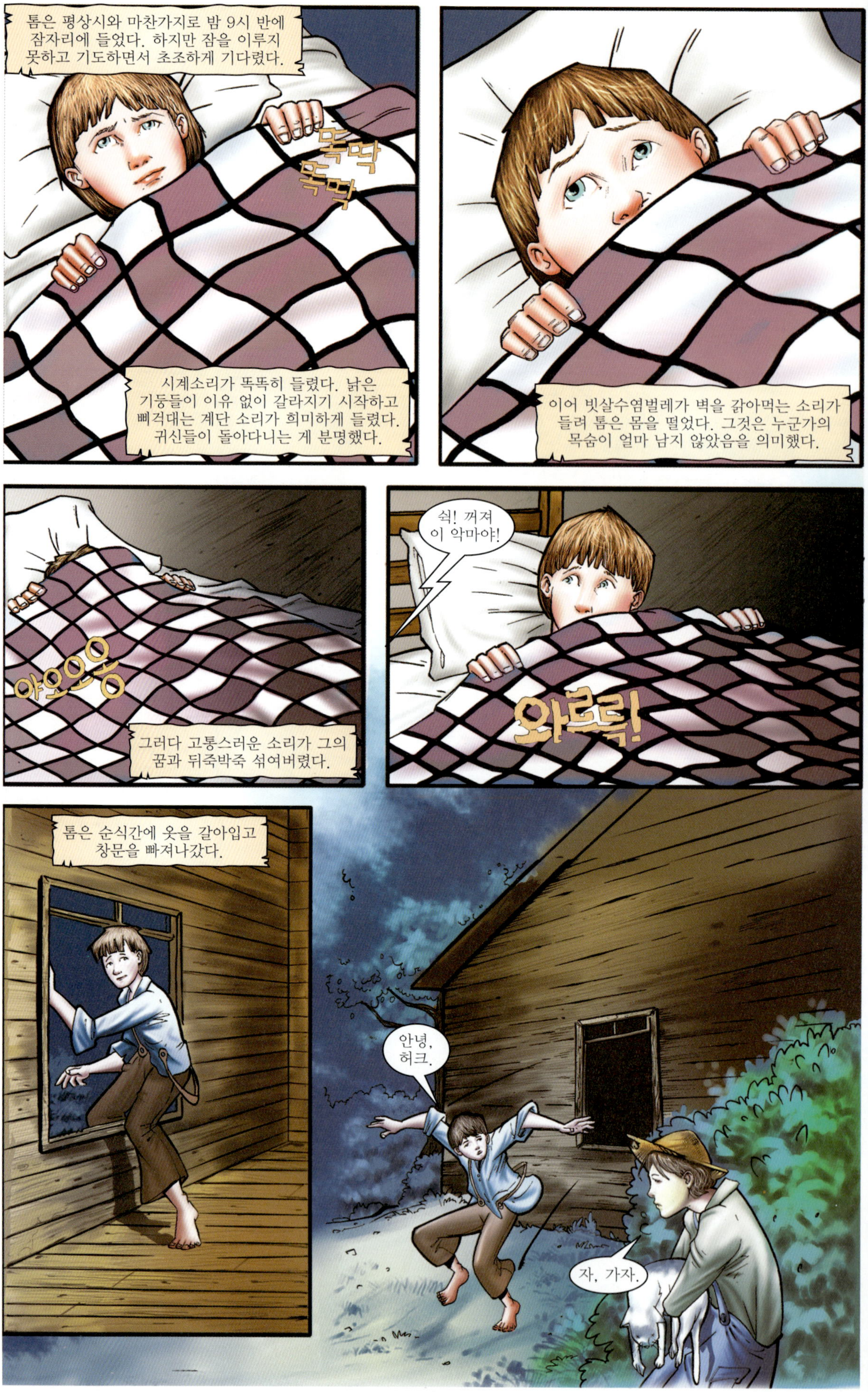

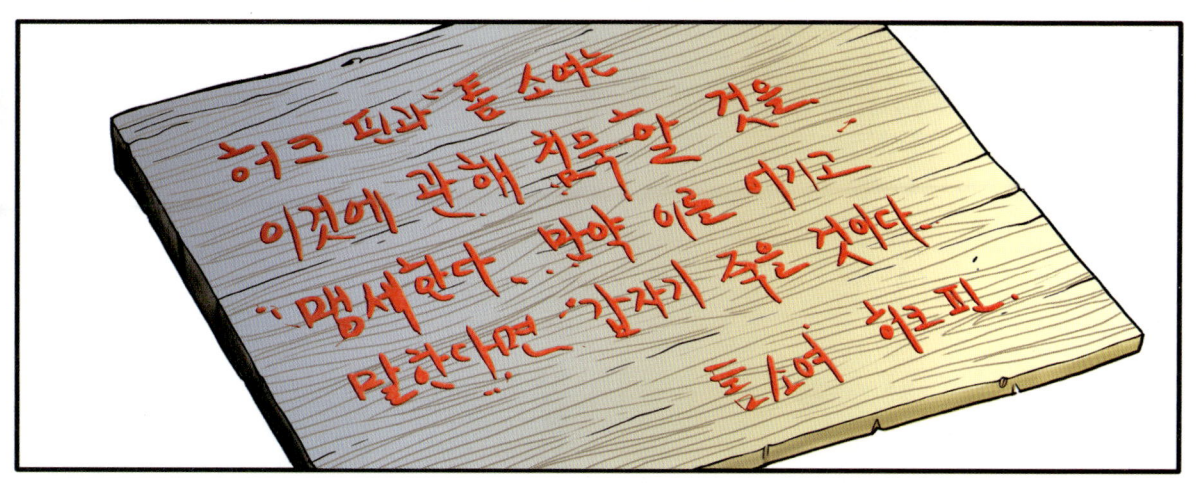

톰은 다시 한 번 멋진 영웅이 되어, 노인들로부터는 사랑을, 아이들로부터는 질투를 받았다. 심지어 그의 이름은 신문에도 실렸다.

낮 동안은 진심으로 고마워하는 머프 포터의 인사말을 들으며 기쁜 마음으로 보낼 수 있었다.

인디언 조에게 현상금이 걸리자, 마을 사람들이 그를 찾아 나섰다. 하지만 어디서도 그는 발견되지 않았다.

하지만 밤이 되면 말하지 말걸 하는 후회가 밀려들었다. 절반의 시간은 인디언 조가 절대 잡히지 않을 것 같아서 두려웠고, 나머지 시간은 그가 잡힐까봐 두려웠다.

톰은 인디언 조가 죽어서 시체가 된 것을 봐야만 안심할 수 있을 것 같았다.

세인트루이스에서 매우 유명하고 명성이 자자한 탐정 한 사람이 왔다. 그가 단서 하나를 찾기는 했지만 살인과의 연관성은 밝혀내지 못했다. 탐정이 수사를 마치고 고향으로 돌아가자 톰은 예전처럼 불안해졌다.

세월이 천천히 흐르면서 톰의 불안도 나날이 줄어들었다.

그리고 아이들의 동심은 정상으로 되돌아갔다.

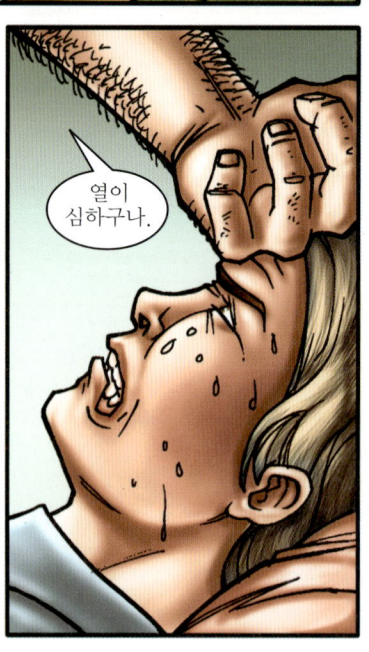

- 톰?
- 베키야, 왜?
- 사람들이 우리를 잊지 않고 찾으러 올까?
- 그럼, 올 거라고 생각해.

톰이 어둠 속에서 소리를 지르자 멀리서 들려오는 메아리가 너무 섬뜩해서 소리 지르기를 멈췄다.

- 어? 이게 뭐지?

- 연줄이야, 내가 돌아오는 데 도움이 되겠어. 출입구를 찾으려면 갈림길 중에 몇 개를 내려가 봐야겠어.

톰은 어둠 속에서 천천히 걸어 나갔다. 줄을 풀면서 가능한 한 멀리까지 가려고 줄을 잡아당겼다.

촛불이 보이자 톰이 소리를 질렀다. 하지만 자신이 뭘 보았는지 깨닫는 순간 몸은 얼어버리고 말았다.

- 인디언 조다!

- 인디언 조가 내 목소리를 알아차리지 못하고 법정에서 자기를 고발한 나를 죽이지 않은 게 놀라워. 메아리 때문에 내 목소리가 변했나봐.

화요일 오후가 오고 저물어 갔다. 세인트 피터스버그 마을 사람들은 여전히 슬픔에 잠겨 있었다. 실종된 아이들이 발견되지 않았던 것이다. 폴리 이모는 슬픔 때문에 회색 머리카락이 거의 하얗게 변해 버렸다.

갑자기 마을 종들이 요란하게 울리면서 거리는 정신없이 뛰쳐나온 사람들로 북새통을 이뤘다.

톰은 어떻게 동굴을 탈출했는지 들려주었다. 그는 동굴을 헤매다가 햇빛처럼 보이는 작은 빛을 보았다.

톰이 그 작은 구멍으로 머리와 어깨를 들이밀자 유유히 흐르는 미시시피 강이 보였다. 밤이었다면 그 빛을 보지 못했을 것이다.

혜지원 영한 대역 그래픽 노블 시리즈를 펴내며...

혜지원의 영한 대역 그래픽 노블 시리즈는 오랜 기간 전 세계인들에게 사랑 받아 온 고전과 위인들에 관한 이야기를 만화로 엮었습니다. 긴 시간 많은 사람들에게 읽히고 그 가치를 인정 받아 온 고전에는 재미와 빛나는 철학이 담겨 있습니다. 또한 우리는 전기를 통해 저명한 인물의 삶과 시대를 탐험해 볼 수 있습니다.

이러한 고전과 위인전을 영어와 한글 두 가지 버전으로 모두 담아 그 내용을 더욱 깊이 이해하는 한편, 영어 실력 향상도 기대할 수 있도록 했습니다. 각각의 버전을 비교해서 읽으며 영어와 한글의 차이를 느껴 보는 것도 신선한 경험이 될 것이며, 재미있게 영어를 공부하는 기회도 될 것입니다.

상상력을 자극하는 이야기들을 섬세한 그림체로 구현해낸 혜지원의 그래픽 노블 시리즈를 통해 이야기에 더욱 몰입할 수 있습니다. 어렵고 긴 내용을 읽기 편한 길이와 만화로 담아 가독성을 높였으며, 원문을 최대한 살리되 이야기를 효과적으로 전달하기 위해 노력했습니다.

혜지원의 영한 대역 그래픽 노블 시리즈를 통해 이야기가 주는 매력에 푹 빠져 보세요. 상상력의 지평이 더욱 넓어지는 놀라운 경험을 하게 될 것입니다.

흥미로운 섬들

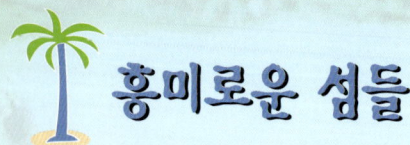

쿤칸지마: 일본의 유령섬

한때 쿤칸지마 섬은 사람들로 활기가 넘쳤지만, 지금은 폐허가 된 거리와 빈 건물들로 완전히 버려진 섬이 되었습니다. 19세기에 이 섬은 탄광으로 유명했지만 1960년대 석유가 석탄의 대체 에너지가 되면서 탄광은 문을 닫았고 사람들은 이 섬을 떠나기 시작했습니다. 오늘날까지 이 섬은 사람들이 방문하는 것조차 금지되어 있습니다. 재미있는 사실은 1916년 탄광 근로자들에게 주기 위해 아파트를 건립했는데 그것이 일본 최초의 콘크리트 빌딩이라고 하네요.

* '쿤칸지마'를 영어로 번역하면 '전투함 섬'이 되는데, 이것은 섬의 모양이 전투함과 흡사하다 해서 붙여졌다고 합니다.

비숍 록

비숍 록은 영국에 속한 작은 섬으로 건물이 있는 세계에서 가장 작은 섬으로 세계 기네스북에 올라있습니다. 이 섬의 크기는 길이 46미터에 넓이가 고작 16미터이며 1858년에 세워진 등대가 있습니다. 등대불은 자동으로 작동되고 있으며 섬에는 사람이 살지 않습니다. 이 섬에는 등대 외에는 여유 땅이 없어서 등대 꼭대기에 헬리콥터 이착륙장을 만들어 사람들의 접근을 용이하게 만들었습니다.

* 13세기에 중죄를 저지른 죄수들을 빵과 물만 주고 이 섬으로 보내면서 그들의 운명을 파도에 맡겼다는 이야기가 있습니다.

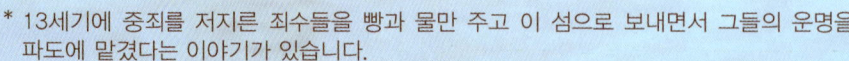

알고 있나요?

'섬 매니아(Islomania)'란 '섬에 매력을 느끼는 증상'을 말합니다. 로버트 루이스 스티븐슨, 쥘 베른, 잭 런던, 조세프 콘라드 같은 작가들이 대표적인 섬 매니아들이죠!

이스터 섬

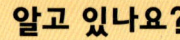

1722년 부활절에 네덜란드 탐험가인 야코브 로게벤과 그의 대원들이 태평양을 항해하던 중 칠레 인근에서 이름 없는 섬 하나를 발견하고 그곳에 상륙했습니다. 그들은 섬 전체에 흩어져 있는 1천 여 개의 거대한 석상과 2천 여 명의 주민을 발견하고 매우 놀랐습니다. 로게벤은 그 섬을 이스터 섬으로 명명했습니다. 약 1천 2백 년 전 유랑민들이 이 섬에 들어와 살면서 화산석으로 모아이를 조각한 것으로 알려져 있는데, 모아이는 어마어마하게 큰 사람 형상의 조각들로 어떤 것은 3층 높이만큼 큰 것들도 있습니다. 1800년대에 들어서 섬의 인구가 확연히 줄었는데 무슨 일 때문인지는 오늘날까지 불가사의로 남아 있습니다.

* 이스터 섬에는 나사 우주왕복선의 비상 착륙용 활주로가 있다.

알카트라즈, 혹은 죄수의 섬

알카트라즈는 미국 샌프란시스코 만에 위치해 있습니다. '알카트라즈'는 1775년 스페인 탐험가 후안 데 아얄라가 'La Isla de los Alcatraces' 즉 '펠리칸의 섬'으로 명명한데서 유래됐습니다. '록'이라는 이름으로 더 많이 알려진 이 섬은 감시가 삼엄하기로 유명합니다. 얼음 같이 차가운 수온과 강한 물살 때문에 본토까지 헤엄쳐 가는 것은 불가능합니다. 이 감옥은 1934년에 폐쇄되었으며 현재는 유명한 관광 명소가 되었습니다.

* 유명한 이탈리아계 미국 폭력배인 알 카포네가 1930년대에 이 감옥에 수감된 적이 있습니다. 그는 이곳에 머무는 동안 샤워실에서 밴조를 연주하곤 했습니다. 1947년 그가 죽고 난 후, 빈 샤워실에서 흘러나오는 밴조 연주 소리를 들은 사람이 있다고 하네요!

월드 아일랜드와 팜 아일랜드

아랍에미리트의 두바이에 근접해 페르시아 만 상공을 날다 보면, 세계지도 하나와 납작한 야자수 두 그루가 수면 위에 떠 있는 매우 신기한 광경을 목격하게 됩니다! 가까이 가 보면 그것이 인공적으로 조성된 섬이라는 사실을 발견하게 되죠. 이 인공 섬들은 모두 해저에서 퍼 온 모래로 만들어졌습니다. 팜 아일랜드는 야자수 모양을 세 부분으로 나눠놓은 듯이 조성되어 있으며, 월드 아일랜드는 3백 개의 섬이 세계지도 형상을 하고 있습니다.

* 월드 아일랜드 주변에 태양계 형상을 본떠서 만든 인공 섬 '우주'가 설립될 예정이라고 하네요.

> **알고 있나요?** ⭐
> 호주는 하나의 섬이면서 대륙이고 나라입니다! 종종 '섬대륙'이라 불리기도 하죠.

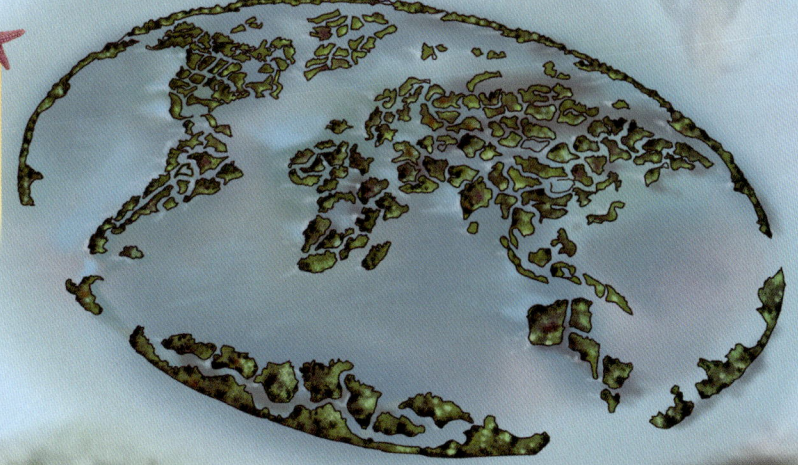

Hyejiwon English-Korean Graphic Novels Series

혜지원 영한 대역 그래픽 노블 시리즈는
여러분께 영어 학습 효과는 물론 재미와 감동까지 선사합니다.